Dios Me Ama

UNA INFUSIÓN SEMANAL DE ALIMENTACIÓN

By

L. O. Ovbije

ISBN: 978-1-944411-01-5
Copyright © 2016 by Rev. L O. Ovbije.
Ovbije World Outreach Ministries, Inc.
P.O. Box 371787
Decatur, GA 30037-1787
USA.
Website: owom.org
Email: theword@owom.org

Published by SOIL Foundation, Inc.
P.O. Box 966
Clarkston, GA 30021-0966

DEDICACIÓN

Todo corazón dedico este libro a mis padres
precioso, encantadoras y maravillosos para
siempre: mi padre el Honorable Jefe J. E.
Ovbije y mi madre mayor Sra. Margaret
Orhe Edokpagha Ovbije, simplemente llamo
a mi Padre Papa y a mi madre Mama.
No puedo hablar, predicar o escribir sobre el
amor sin Dios, no a mis padres y mi educación me llamó la atención. Siempre estoy
agradecido a Dios por mis padres.
Me dieron el amor incondicional, me enseñaron encanta, me enseñaron a perdonar a
cualquiera que mal de mí, me enseñaron a
no guardar rencor, creen lo mejor de mí, que
me anima siempre, que ven la grandeza en
mí, Nunca hable negativamente el uno del
otro, ni de mí. Nunca hablan negativo de nadie, nunca involucran en chismes. Me enseñaron cómo relacionarse con las señoras, me
enseñaron siempre poner la dama lejos del
tráfico: al caminar con una señora en la ca-
lle, me enseñaron a hablar (hay una gran di-
ferencia entre hablar y conversar, cuando se
habla , que dice: leído a San Marcos 11:23,
habla va con propósito, en hablando no es el
foco).

Recuerdo muy bien como un niño y en mi adolescencia, mi padre Pídeme intervalos ser-tween "¿cuál es su destino", que significa lo que es su objetivo, "sí usted está en vacaciones, pero la escuela no tomó los libros lejos de ti "lo que significa porque la escuela no está en sesión no quiere decir que no debería estar leyendo, he aprendido de ellos, para reducir la velocidad para hablar, para no hacer una declaración sobre una cosa sin el conocimiento de la materia, que me enseñó a escuchar, más de hablando, yo era muy consciente de la gente respeto y dignidad en la comunidad, en la ciudad crecí en y en otros lugares, di a mis padres, si mi apellido es bien conocido, y me enseñaron mis padres nunca empañar ella, es como una corona, cuando se convirtió en un cristiano, leí en la biblia "un buen nombre es más bien para ser elegido que las riquezas, ..." Proverbios 22: 1, Doy gracias a Dios nunca experimentan la pobreza. Hago crédito a ellos para mi educación; me enseñaron el rudimento de la educación. Ellos prepararon el camino para mí conocer a Dios íntimamente. Estoy corto de palabras.

No hay suficientes páginas en el mundo para mí expresar el amor de mis padres dieron a mí ya mi amor por ellos, y todo lo que me enseñaron, también no hay suficientes páginas para mí expresar mi más profundo agradecimiento y gratitud a Dios por mi los padres.

Dios Padre, gracias por la bendición y la ordenación que debería venir a este mundo a través de esta maravillosa padres de la mina, siempre estaré agradecido por mis padres, en nombre de Jesús, Amén y Amén y Amén, y una gran cantidad de Amén.

EXPRESIONES DE GRATITUD

A mis maravillosos padres, el Jefe J. E. Ovbije y señora Margaret O. Ovbije, ya mis hermanos. Mi padre era un hombre que vivía una vida que dejó una impresión excelente y duradera en mí. Nuestra familia sabía el significado de un hogar lleno de amor, seguro y rico debido a la presencia de mi padre. Doy gracias a Dios de la escuela primaria privada en Sapele: Niños Nursery School, donde asistí. Fue allí donde me en-contador de Dios por primera vez en la oración en una edad muy temprana.

Para mi precioso pastor y su encantadora esposa, ambos eran fuertes ejemplos de un hombre y una mujer dedicada a Dios. Tuve la suerte de tener el pastor y la Sra Umukoro, ambos me discípulos. Me gustan los dos gracias por su temprano por la mañana todos los días la vida de oración. Para los hombres de Dios que también impactaron mi vida de oración, W. F. Kumuyi y Benjamin Udi.

Finalmente a mi dulce, preciosa, maravillosa esposa Theresa Spearman Ovbije, una mujer de Dios, a quien llamo simplemente "amorcito".

"El amor de Dios para mí es inmejorable"
L. O. Ovbije.
"Porque Dios me ama, creado por mí, no me cosas"
L. O. Ovbije.
"La cruz de Jesucristo respondió todas las preguntas sobre el amor de Dios por ti, sí que tú y yo"
L. O. Ovbije

PREFACIO

*el amor de Dios por ti es incondicio-
nal. Si usted no ha descubierto, seguir
buscando y no dejar de fumar. El des-
cubrimiento más grande que tendrá
que realizar en la vida es el amor de
Dios por ti. Cuando des-cubrir el amor
de Dios para usted, usted siempre ama
a sí mismo, y entonces usted será capaz de amar a la gente. Usted-no puede amar a nadie, hasta que se amen su
propia. Que se ve en las personas, lo
que ves en ti mismo. Usted no es superior a cualquier uno, y ninguna persona es superior a ti. Los que degraden a
otros, con el fin de hacerse importante,
lo hacen como una cubierta para su
propio complejo de inferioridad que
están luchando con en privado. La religión se basa jerarquía, sino en Cristo, a todos aquellos que han nacido de
nuevo son uno. Ninguno es superior a
la otra. Había muchos líderes religiosos en el pasado, hay muchos líderes
religiosos hoy en día, y habrá muchos*

líderes religiosos en el futuro. Jesucristo dijo: "He venido para que tengan vida y la tengan vida en abundancia" San Juan 10:10. Él no dijo: "Yo he venido para que pueda tener la religión y tener más religión". Está escrito: "En él estaba la vida; y la vida era la luz de los hombres. "San Juan 1: 4, Jesucristo, y él solo ha pagado el precio vicaria por su pecado que es por eso que está escrito" Jesús le dijo: Yo soy el camino, la verdad, y la vida: nadie viene al Padre, sino por mí "San Juan 14: 6, Jesucristo es el __único__ camino, la verdad, y la vida que conduce al Dios vivo y verdadero.

Dios te creó a su imagen y semejanza. De su propia voluntad él os ha creado, de su voluntad, él te ama. El amor de Dios para que no se basa en usted o en cualquiera de sus actuaciones, ni el rendimiento de su religión. No hay absolutamente nada que puedas hacer para detener el amor de Dios por ti. De hecho no hay nada en su pasado, presente y futuro que puede parar el amor de Dios por ti.

Ese es el Evangelio y es por eso que Jesucristo vino a la tierra para ti, Porque de tal manera que el amor que dio a su Hijo único, Jesucristo, que si usted cree en Jesucristo, serás salvo. Cree en el Dios, que cree en ti mediante el envío de Jesucristo en su caso.

¡Sí! Puede ser excepto en este momento; sí se puede aceptar a Jesucristo en este momento. "Tampoco hay salvación en ningún otro:. Porque no hay otro nombre bajo el cielo dado a los hombres, en que podamos ser salvos" Hechos 4:12

"Y ellos dijeron: Cree en el Señor Jesucristo, y serás salvo, tú y tu casa." Hechos 16:31, cuando se acepta a Jesucristo en su corazón, usted acepta el amor de Dios para ti y para los trabajos terminados de Jesucristo para ti.

"Que si confesares con tu boca al Señor Jesús, y creyeres en tu corazón que Dios le levantó de los muertos, se-

rás salvo. Porque con el corazón se cree para justicia; y con la boca se confiesa para salvación "Romanos 10: 9-10.. Decir confiadamente con tu boca "Creo que con mi corazón, Jesucristo es el Hijo de Dios, Jesucristo murió por mis pecados, enterrado por mi rebelión, se levantó para mi justificación, en este momento acepto a Jesucristo en mi corazón y confieso con la boca Jesucristo es mi Salvador y Señor, he nacido de nuevo en este momento. El Espíritu de Dios vivo está en mí ahora y él está en mí para siempre, Amén.

SEMANA UNO

El amor nunca falla:
1 Corintios 13:8

Dios Me Ama

En el principio era el Verbo, y el Verbo era con Dios, y el Verbo era Dios.

San Juan 1:1

Decir Atrevidamente: *Yo creo audazmente con mi corazón y confieso con mi boca que la Biblia es la palabra de Dios. En la Biblia es la revelación de la creación de conocimiento, sí! En un principio, en la Biblia es el plan de redención para la raza humana, la raza que perteneces y yo, sí! La redención está disponible para todos por medio de Jesucristo de Nazaret, En la Biblia es el conocimiento de la revelación del Dios cuya semejanza soy; En la Biblia es el conocimiento de la revelación del amor de Dios para mí. En la Biblia es la revelación del conocimiento del poder del amor.*

El amor nunca falla. El momento en que alguien acepta a Jesucristo en su corazón, que se convierte en indivi-duo participa de su naturaleza divina. He aceptado a Jesucristo en mi cora-zón; Por lo tanto, ya que es por lo que estoy en este mundo presente. Estos creen que el diablo el que la Biblia habla acerca de no me puede engañar a través de cualquier medio de creer cualquier cosa contraria a la palabra de Dios.

Jeremías 29:11
Romanos 8: 35-39

NOTA:

SEGUNDA SEMANA

El amor nunca falla:
1 Corintios 13:8
Dios Me Ama
En el principio creó Dios los cielos y la tierra.
Génesis 1:1

Decir Atrevidamente: Yo creo audazmente con mi corazón y confieso con mi boca que Dios Todopoderoso creó el cielo y la tierra, porque está escrito en la Palabra de Dios, la Biblia sí, que Dios creó el cielo y la tierra. Todo en el cielo, y todo en la tierra y todo lo que está por debajo de la tierra fue creada por Dios Todopoderoso o secundario de la creación de Dios. El diablo y sus cohortes no me pueden engañar sobre este asunto. De acuerdo a la palabra de Dios, todo lo que Dios creó era bueno. Todo lo que Dios creó fue creado por su palabra hablada, pero creó la raza humana en el principio con sus propias manos y respira su vida en el hombre. Esto me hace muy importante y especial, sí, sobre todo, la otra creación por Dios.

Jeremías 29:11
Romanos 8: 35-39

NOTA:

TERCERA SEMANA

El amor nunca falla:
1 Corintios 13:8

Dios Me Ama

Y creó Dios al hombre a su imagen, a imagen de Dios lo creó; varón y hembra los creó. Génesis 1:27

<u>Decir Atrevidamente:</u> Yo creo audazmente con mi corazón y confesar con la boca que yo soy creado por Dios Todopoderoso. No sólo soy creado por Dios, pero Dios me ha creado a su imagen. Eso me aparte de todo lo demás que Dios creó. Estoy obra maestra de Dios de su creación. Yo y todos los seres humanos están por encima de toda otra creación que Dios hizo en todas las dimensiones de la existencia. Dios me ha coronado de gloria y honor. Dios ha asignado un ángel para mí. Dios me ha rodeado todo con favor. Dios me ha ungido

con el **Espíritu Santo. Dios me ha destinado a la grandeza.**

Jeremías 29:11
Romanos 8: 35-39

NOTA:

CUARTA SEMANA

El amor nunca falla:
1 Corintios 13:8

Dios Me Ama

Entonces dijo Dios: Hagamos al hombre a nuestra imagen, conforme a nuestra semejanza; y señoree en los peces del mar, en las aves de los cielos, en las bestias, en toda la tierra, y en todo animal que se arrastra sobre la tierra. Génesis 1:26

Decir Atrevidamente: Confieso confiadamente que Dios no me dio el dominio sobre la gente, y Dios no dio ninguna persona dominio sobre mí. Dios me ha dado el dominio sobre toda su criatura que no se ha creado a su propia imagen. Dios me ha dado el dominio sobre el diablo y todos sus compañeros. Dios me ha dado el dominio sobre todo lo que vino del dia-

blo debido a la caída de la raza hu-
mana.

Jeremías 29:11
Romanos 8: 35-39

NOTA:

SEMANA CINCO

El amor nunca falla:
1 Corintios 13:8

Dios Me Ama

Te alabaré; porque formidables, maravillosas son tus obras; Estoy maravillado, Y mi alma lo sabe muy bien. Salmos 139:14

<u>Decir Atrevidamente:</u> Estoy temeroso y maravillosamente por Dios Todopoderoso. Estoy más que un número en el ordenador; Soy más de un grupo estadístico, estoy más que la gente ve mi visibles, Dios es Espíritu, y Él me ha creado como un ser espiritual. Dios, sí, el creador del cielo y de la tierra, es mi Padre, y yo audazmente confesar, soy su hijo. Y no hay nada que el diablo o cualquier persona puede hacer acerca de mi confesión. De hecho, el diablo sabe que yo soy

un niño de dios más alto, y el diablo respeta mi confesión, y yo cumplir mi confesión sobre el diablo, en nombre de Jesús, Amén.

Jeremías 29:11
Romanos 8: 35-39

NOTA:

SEMANA SEIS

El amor nunca falla:
1 Corintios 13:8

Dios Me Ama

Porque de tal manera amó Dios al mundo, que ha dado a su Hijo unigénito, para que todo aquel que en él cree, no se pierda, mas tenga vida eterna.
San Juan 3:16

Decir Atrevidamente: Creo que Dios me ama, yo creo en Jesús, creo que con mi corazón y confesar con la boca que Jesucristo es el Hijo de Dios, y él es mi Salvador y Señor. Creo que ahora he nacido de nuevo. Yo poseo el amor de Dios en mí. Yo ahora amo a mí mismo como Dios me ama. Me encanta la gente como Dios la gente del amor. Yo ahora ando en el amor de Dios. Estoy muy consciente amo, yo camino y hablo en el amor, todo lo que hago en palabras o hechos que lo hacen en el amor a la gloria de Jesucristo, el Señor.

Jeremías 29:11
Romanos 8: 35-39

NOTA:

SEMANA SIETE

El amor nunca falla:
1 Corintios 13:8

Dios Me Ama

y la esperanza no averg:uenza; porque el amor de Dios ha sido derramado en nuestros corazones por el Espíritu Santo que nos fue dado.
Romanos 5:5

<u>Decir Atrevidamente:</u> He nacido de nuevo, el Espíritu Santo vive en mí, y el amor de Dios está en mí. Me amo y me encanta la gente. El amor de Dios en mí es mayor que cualquier espíritu de oposición y las fuerzas que hay en el mundo. Amo a Dios, me amo y amo a la gente. Veo a mí mismo como Dios me ve, veo la gente como Dios lo ve la gente, Dios vive en mí por su Espíritu Santo, Dios ama a la gente a través de mí. Soy embajador de Dios en la tie-

rra, me tomo la embajada de Dios conmigo donde quiera que vaya, y yo soy Unido la persona de Dios.

Jeremías 29:11
Romanos 8: 35-39

NOTA:

SEMANA OCHO

El amor nunca falla:
1 Corintios 13:8

Dios Me Ama

Un mandamiento nuevo os doy: Que os améis unos a otros; como yo os he amado, que también os améis unos a otros.
San Juan 13:34

Decir Atrevidamente: Yo confieso audazmente he nacido de nuevo por Dios, que es Amor. Heredo el amor; Estoy hecho a imagen y semejanza del Amor. Yo vivo en el amor, mi conversación está en el amor, hago poseer el estilo de vida de amor de la vida, Dios mío tipo de amor del estilo de vida de la vida que es visto por todos los que entran en contacto con, haga lo que haga en las palabras o, de hecho, lo hago enamorado. Sí, me consumo en el amor de Dios. Me atrevo a pensar y relacionarse con la gente de la arena el amor de Dios. Sí, me encanta, me encanta Chris-tianos, y amo a los pecadores.

Jeremías 29:11
Romanos 8: 35-39

NOTA:

SEMANA NUEVE

El amor nunca falla:
1 Corintios 13:8

Dios Me Ama

Como a un natural de vosotros tendréis al extranjero que more entre vosotros, y lo amarás como a ti mismo; porque extranjeros fuisteis en la tierra de Egipto. Yo Jehová vuestro Dios.
Levítico 19:34

Decir Atrevidamente: Yo era un pecador, pero acepté a Jesucristo, ahora soy un santo. Es por la gracia de Dios por la fe que me volví a nacer. Soy lo que soy por la gracia de Dios. La misma gracia que Dios me dio a mí y todavía me da todos los días; Ahora estoy dando la misma gracia a otros. Me amo, y hago el amor a otros, como yo amo a mí mismo.

Jeremías 29:11
Romanos 8: 35-39

NOTA:

SEMANA DIEZ

El amor nunca falla:
1 Corintios 13:8

Dios Me Ama

Antes de la fiesta de la pascua, sabiendo Jesús que su hora había llegado para que pasase de este mundo al Padre, como había amado a los suyos que estaban en el mundo, los amó hasta el fin. San Juan 13:1

<u>Decir Atrevidamente:</u> El amor de Dios en Cristo Jesús hacia mí y para mí no tiene límite. El amor de Dios para mí es incondicional. El amor de Dios hacia mí y para mí se basa en sí mismo, no en mí. Por lo tanto, he optado por disfrutar de mi Dios y el amor de mi Padre. Me amo incondicionalmente. Me niego a vencer a mí mismo, si me olvido de la marca; Voy a tomar ventaja de la disposición que

Dios, que es mi Padre celestial tiene pro-provisto para mí, esta disposición es la preciosa sangre de mi Señor Jesús. Es decir, si lo echo de menos, y confesaré, y Dios es fiel y justo para que me perdone todos mis pecados y límpiame con la sangre preciosa de mi Señor Jesús de toda maldad.

Jeremías 29:11
Romanos 8: 35-39

NOTA:

SEMANA ONCE

**El amor nunca falla:
1 Corintios 13:8**

Dios Me Ama

¿Quién nos separará del amor de Cristo? ¿Tribulación, o angustia, o persecución, o hambre, o desnudez, o peligro, o espada?
Romanos 8:35

Decir Atrevidamente: ¿Quién me separará del amor de Cristo? Nadie me puede separar del amor de Cristo. Las cosas visibles o invisibles, el diablo o cualquiera de sus cohortes no me puede separar del amor de Dios, que es en Cristo Jesús, mi Señor. Dios me ama sin importar que me gusta o no, estoy muy satisfecho con el amor de Dios por mí y hacia mi. Me audazmente creo en el amor que Dios tiene para mí, audazmente vivo en el amor que Dios tiene para mí, mi residencia es en el amor de Dios, cualquiera que busque para mí, me encontrará en el amor de Dios, que es donde vivo. Dios me ama mucho y que me quiera mucho.

Jeremías 29:11
Romanos 8: 35-39

NOTA:

SEMANA DOCE

El amor nunca falla:
1 Corintios 13:8

Dios Me Ama

Nosotros le amamos a él, porque él nos amó primero.
1 Juan 4:19

<u>Decir Atrevidamente:</u> Una pregunta sobre el amor de Dios para mí y para cualquier ser humano se establecieron en la cruz por medio de Jesucristo. Por lo tanto, no pongo en duda el amor de Dios por mí o el amor de Jesucristo para mí y hacia mi. Puesto que Dios me ama y envió a Jesucristo a morir en la cruz por mí, acepto todo lo que su sangre compró para mí. Acepto el amor incondicional de Dios por mí y hacia mi. Amo a Dios, amo a Jesús, Me amo y amo a la gente. Yo no tengo que entender el amor de Dios por mí, o su amor por la gente,

pero es mi privilegio y su honor para mí para disfrutar de su amor por mí, y para introducir a otros a su amor incondicional.

Jeremías 29:11
Romanos 8: 35-39

NOTA:

SEMANA TRECE

**El amor nunca falla:
1 Corintios 13:8**

Dios Me Ama

Y les he dado a conocer tu nombre, y lo daré a conocer aún, para que el amor con que me has amado, esté en ellos, y yo en ellos. San Juan 17:26

Decir Atrevidamente: Señor Jesús, te doy gracias porque el mismo amor que el Padre tiene para ti está en mí. Soy amado por mi Padre celestial. Del mismo modo que el Padre estaba en ti, así que estás en mí. Como el Padre estaba en Jesucristo haciendo los milagros, señales y maravillas a través de él, por lo que es Jesucristo en mí hoy haciendo milagros, señales, y se pregunta por mí, el amor de Dios en mí me lleva a comparar a la gente a venir al ahorro conocimiento de Je-

sucristo, el amor de Dios en mí tiende la mano a los enfermos para sanar a los enfermos. Dios me ama; Me amo y amo a la gente a Dios a través de mí.

Jeremías 29:11
Romanos 8: 35-39

NOTA:

SEMANA CATORCE

El amor nunca falla:
1 Corintios 13:8

Dios Me Ama

Porque toda la ley en esta sola palabra se cumple: Amarás a tu prójimo como a ti mismo.
Gálatas 5:14

<u>*Decir Atrevidamente:*</u> *Soy un hacedor de la palabra de Dios. O tu palabra! Dios es más dulce que la miel a mi gusto. Para hacer tu palabra oh! Dios era el propósito de mi nacimiento. Para amar a mi prójimo como a mí mismo es mi cumplimiento de su ley. En la medida en que amo a mí mismo es la medida amaré a mi vecino. Por lo tanto, me amo con el mismo amor que Dios tiene para mí, y amo a mi prójimo como a mí mismo. Dios se deleita en amarme a mí mismo. amarme es un mandamiento de*

Dios. Dios vive en mí por su Espíritu Santo, Dios vive en mí porque me declara santo, justo, y sólo porque he aceptado a Jesucristo y trabaja a su fin.

Jeremías 29:11
Romanos 8: 35-39

NOTA:

SEMANA QUINCE

El amor nunca falla:
1 Corintios 13:8

Dios Me Ama

Mas Dios muestra su amor para con nosotros, en que siendo aún pecadores, Cristo murió por nosotros.

Romanos 5:8

Decir Atrevidamente: *Cristo murió por mí, mientras que yo era un pecador. Dios me valora, y envió a Jesucristo a pagar el precio más alto por mi alma. Por lo tanto, puesto que Dios me ama y me valore, me audazmente me amo y me valore. Porque, Me amo con el amor de Dios, que es incondicional y que me valore, me niego un estilo de vida que es destructiva, y digo sí a Dios tipo de vida. Puesto que Dios amor y me valore cuando era un pecador, que hago el*

*amor y el valor de cada persona hu-
mana. Soy lo que soy por la gracia de
Dios.*

Jeremías 29:11
Romanos 8: 35-39

NOTA:

SEMANA DIECISÉIS

El amor nunca falla:
1 Corintios 13:8

Dios Me Ama

Jehová se manifestó a mí hace ya mucho tiempo, diciendo: Con amor eterno te he amado; por tanto, te prolongué mi misericordia.

Jeremías 31:3

Decir Atrevidamente: El amor de Dios para mí y hacia mi es para eterna. Dios me ama. Elegí a amar lo que Dios ama. Por lo tanto, he elegido para mí el amor, como Dios me ama. Me amo incondicionalmente, sin ningún tipo de rendimiento de mí, sin pedir autorización a nadie, respaldo, y el consejo. Me amo y amo a la gente de manera incondicional. Nadie tiene que realizar para conseguir mi amor.

Jeremías 29:11
Romanos 8: 35-39

NOTA:

SEMANA DIECISIETE

El amor nunca falla:
1 Corintios 13:8

Dios Me Ama

Entonces Jesús, mirándole, le amó, y le dijo: Una cosa te falta: anda, vende todo lo que tienes, y dalo a los pobres, y tendrás tesoro en el cielo; y ven, sígueme, tomando tu cruz.
San Marcos 10:21

Decir Atrevidamente: Cada vez, me olvido de la marca, Jesucristo siempre se acerca a mí en el amor y me restaura a sí mismo. Jesucristo nunca me condena cuando no responda a la marca. La gente me pueden juzgar, pero Jesucristo siempre se acerca a mí con su amor. Sí, Jesús me ama. Por lo tanto, cada vez que hago perder la marca, voy a correr a Dios, no voy a correr desde el Dios que me ama mucho.

Jeremías 29:11
Romanos 8: 35-39

NOTA:

SEMANA DIECIOCHO

El amor nunca falla:
1 Corintios 13:8

Dios Me Ama

Yo en ellos, y tú en mí, para que sean perfectos en unidad, para que el mundo conozca que tú me enviaste, y que los has amado a ellos como también a mí me has amado.
San Juan 17:23

Decir Atrevidamente: Me declaro confiadamente que hago el amor y acepto los cristianos como Cristo me ha aceptado, yo demuestro públicamente que los pecadores pueden saber que el mismo amor que Dios tiene para Jesús, Dios tiene para mí. El Padre estaba en el Hijo en su caminar terreno, y hoy Cristo está en mí, la esperanza de gloria. Del mismo modo que el Padre estaba en Jesucristo, por lo que es Cristo en mí por el Espíritu Santo, Lo que el Padre era el Hijo, cuando el Hijo estaba en la tierra, en vestido de carne, por lo que es el Hijo es para mí ahora.

Jeremías 29:11
Romanos 8: 35-39

NOTA:

SEMANA DIECINUEVE

El amor nunca falla:
1 Corintios 13:8

Dios Me Ama

Nadie tiene mayor amor que este, que uno ponga su vida por sus amigos.
San Juan 15:13

<u>*Decir Atrevidamente:*</u> *Jesucristo, que no conoció pecado, fue hecho pecado por mí para que fuéramos hechos justicia de Dios en Cristo Jesús. Soy la justicia de Dios en Cristo Jesús. Dios me ama. Soy aceptado en el Amado, me acepto; Me amo a mí mismo como Dios me ama. Me encanta la gente, como me amo. Dios me ha invitado a venir confiadamente al trono de la gracia, yo no tengo acceso ilimitado a Dios en cualquier momento. Dios es mi propio padre y yo soy su propio hijo. Dios y yo nos queremos,*

nos encanta nuestra empresa y nos encanta pasar tiempo juntos. Sí, nos gusta tener comunión unos con otros.

Jeremías 29:11
Romanos 8: 35-39

NOTA:

SEMANA VEINTE

El amor nunca falla:
1 Corintios 13:8

Dios Me Ama

En todo tiempo ama el amigo,
Y es como un hermano en tiempo
de angustia.
Proverbios 17:17

Decir Atrevidamente: Padre, te doy
gracias porque me ama en todo momento. Mi Dios no toma vacaciones
de amarme. Me encanta por Dios
continuamente. No hay ninguna pa-
rada o dejar de fumar en el amor de
Dios para mí. Sin diablo, ninguna
persona, ninguna condición, ninguna
situación, me atrevo a decir que no
hay pecado, puede detener el amor de
Dios por mí y hacia mi, absolutamente a Dios como nunca y él ni por un
instante dejar de amarme. El mismo
amor que Dios tiene para mí, tengo

para mí, el mismo amor que tengo para mí que tengo para las personas, y yo soy partícipe de la naturaleza divina de Dios. Padre, te alabo, siempre y para siempre, Amén.

Jeremías 29:11
Romanos 8: 35-39

NOTA:

SEMANA VEINTIUNO

El amor nunca falla:
1 Corintios 13:8

Dios Me Ama

Con Cristo estoy juntamente crucificado, y ya no vivo yo, mas vive Cristo en mí; y lo que ahora vivo en la carne, lo vivo en la fe del Hijo de Dios, el cual me amó y se entregó a sí mismo por mí. Gálatas 2:20

Decir Atrevidamente: Cuando Jesucristo fue crucificado, fui crucificado con él, cuando fue enterrado, estaba enterrado con él, cuando se levantó de la tumba, que se levantó de la tumba con él, y yo soy hueso de sus huesos, carne de su carne. Jesucristo y yo somos uno. Él vive en mí, y lo que hago ahora vivo, lo vivo en la fe. El amor no puede ser matado. Sí, sé que en el fondo de mi corazón que debido a que Jesús vive, yo también vivo, el amor nunca falla.

Jeremías 29:11
Romanos 8: 35-39

NOTA:

SEMANA VEINTIDÓS

El amor nunca falla:
1 Corintios 13:8

Dios Me Ama

Como el Padre me ha amado, así también yo os he amado; permaneced en mi amor.
San Juan 15:9

Decir Atrevidamente: *Soy amado por Jesucristo, el mismo amor que el Padre tiene por Jesucristo, el mismo amor de Jesucristo tiene para mí. Como el Padre estaba con Jesucristo en su camino terrenal, por lo que es Jesucristo está conmigo ahora. El Padre nunca dejó Jesucristo solamente hasta la cruz, por lo que Jesucristo nunca me dejará ni me abandonará. Yo vivo con valentía en el amor de Jesucristo. Hago audazmente confiese que Jesucristo está siempre conmigo. Nunca estoy solo. Porque dijo que nunca te dejaré ni te abandonaré. au-dazmente Puedo decir que el Señor es mi ayudador; no temeré lo que el hombre debe hacer a mí. Dios es para mí y Dios está siempre conmigo.*

Jeremías 29:11
Romanos 8: 35-39

NOTA:

SEMANA VEINTITRES

El amor nunca falla:
1 Corintios 13:8

Dios Me Ama

No por ser vosotros más que todos los pueblos os ha querido Jehová y os ha escogido, pues vosotros erais el más insignificante de todos los pueblos;
Deuteronomio 7:7

Decir Atrevidamente: Yo digo que sí al amor de Dios para mí y hacia mi, no porque lo sienta o porque tengo plena comprensión de la misma, digo sí al amor de Dios para mí, ya que no se basa en mi propia justicia, o en mis buenas obras . Yo digo que sí al amor de Dios para mí y hacia Dios, porque realmente me encanta. Yo digo sí al amor de Dios por mí, a causa de su propia voluntad escogió a amarme. Yo digo sí al amor de Dios por mí a causa de su propia voluntad que me ha creado a su imagen y semejanza. Padre te doy gracias por la realidad de su amor incondicional por mí. Padre te doy gracias porque yo sé en mi corazón y en mi espíritu que me amas mucho. Padre te doy gracias por tu gran amor por mí, padre Estoy muy agradecido, por su amor por mí.

Jeremías 29:11
Romanos 8: 35-39

NOTA:

SEMANA VEINTICUATRO

El amor nunca falla:
1 Corintios 13:8

Dios Me Ama

Y te amará, te bendecirá y te multiplicará, y bendecirá el fruto de tu vientre y el fruto de tu tierra, tu grano, tu mosto, tu aceite, la cría de tus vacas, y los rebaños de tus ovejas, en la tierra que juró a tus padres que te daría.
Deuteronomio 7:13
Decir Atrevidamente: Dios me ama, a causa de su gran amor por mí, todos los días me cargue con beneficios. Dios bendice a mi que entra y salir de mi, ha ordenado su bendición para que me alcance, y donde quiera que vaya, me bendiga, porque él está conmigo siempre. Lo que pongo mis manos para hacer prosperar, yo tengo el favor de Dios en mi vida. Soy un

vaso para honra, soy el representante de Dios en la tierra, y yo soy el embajador de Jesucristo en la tierra.

Jeremías 29:11
Romanos 8: 35-39

NOTA:

SEMANA VEINTICINCO

El amor nunca falla:
1 Corintios 13:8

Dios Me Ama

Pero Dios, que es rico en miseri-cordia, por su gran amor con que nos amó,
Efesios 2:4
Decir Atrevidamente: la misericor-dia de Dios hacia mí es muy rica, su misericordia para mí son nuevos cada día. El amor de Dios para mí es gran-de, muy grande. el amor de Dios por mí me apartó para caminar y hablar con él todos los días. Soy su morada. No hay fuerza en el visible y en lo in-visible que nos puede vencer. Dios siempre me causa al triunfo en Cristo Jesús. Dios y yo son inmejorables. Dios y yo caminamos juntos, hablar unos con otros, y la comunión unos con otros todos los días. Dios y me

encanta nuestro tiempo diario de co-
munión. Cristo y ganar almas para
Dios todo el tiempo.

Jeremías 29:11
Romanos 8: 35-39

NOTA:

SEMANA VEINTISÉIS

El amor nunca falla:
1 Corintios 13:8

Dios Me Ama

y de conocer el amor de Cristo, que excede a todo conocimiento, para que seáis llenos de toda la plenitud de Dios.
Efesios 3:19

Decir Atrevidamente: Yo digo que sí al amor de Cristo por mí, no entiendo por qué Cristo me ama, pero sé en mi corazón que él me ama, y que permanece para siempre en mi corazón que Cristo me ama, por lo tanto, digo que sí a su amor por mí. Yo digo confiadamente, I love me independientemente de cómo las personas se sienten acerca de mí o independientemente de lo que digan de mí bueno o malo, esto lo sé en lo profundo de mi corazón y mi espíritu que Jesucris-

to ama, yo me amo y amo a la gente independientemente de lo que ENVI- am- en la que crecieron, porque todo el mundo es creado por Dios a su imagen y semejanza.

Jeremías 29:11
Romanos 8: 35-39

NOTA:

SEMANA VEINTISIETE

El amor nunca falla:
1 Corintios 13:8

Dios Me Ama

Mirad cuál amor nos ha dado el Padre, para que seamos llamados hijos de Dios; por esto el mundo no nos conoce, porque no le conoció a él.
1 Juan 3:1

Decir Atrevidamente: Dios me ama mucho. Yo digo que sí y gracias a Dios por su gran amor por mí. Porque, Dios me ama mucho, envió a su Hijo a morir en mi lugar, por lo que yo no tengo que morir por mis pecados. O! Qué gran amor. Me declaro confiadamente al mundo invisible y el mundo visible que estoy en gran medida del amor por Dios. Yo pertenezco a Dios. He aceptado a Jesucristo en mi corazón. Creo con todo mi corazón y con audacia confieso con mi boca, que Jesucristo es mi Salvador y Señor. Sí, mi Padre Celestial me ama mucho. Por lo tanto, yo me amo y me encanta todo el mundo.

Jeremías 29:11
Romanos 8: 35-39

NOTA:

SEMANA VEINTIOCHO

El amor nunca falla:
1 Corintios 13:8

Dios Me Ama

Amados, si Dios nos ha amado así, debemos también nosotros amarnos unos a otros.
1 Juan 4:11

Decir Atrevidamente: Dios me ama. Soy un hijo de Dios, y de su libre voluntad me creé, y me vuelve a crear. Sí, él me dio a luz por su Espíritu Santo. Pertenezco a Dios Todopoderoso. El amor de Dios está en mí. Hago que me ama, me ama a los cristianos, y lo hago ama a los pecadores. Me encanta todo el mundo porque todo el mundo es creado por Dios Todopoderoso. Cristianos y no cristianos son creados por Dios Santo. Estoy llena y cargada con el amor de Dios. No soy normal, yo soy un ser estu-

pendo, porque el Dios de lo sobrena-
tural vive en mí por el Espíritu Santo
es. Me niego a subestimar Dios, y lo
que Dios va y puedo hacer en mí ya
través de mí. Bendecir ser humano es
Dios y que gran deseo.

Jeremías 29:11
Romanos 8: 35-39

NOTA:

SEMANA VEINTINUEVE

El amor nunca falla:
1 Corintios 13:8

Dios Me Ama

Y andad en amor, como también Cristo nos amó, y se entregó a sí mismo por nosotros, ofrenda y sacrificio a Dios en olor fragante. Efesios 5:2

Decir Atrevidamente: Sí, Jesús me ama esto que sé, por lo tanto, yo ando en el amor que Jesús tiene para mí, Jesús se entregó por mí, porque él me ama, yo ama a Jesús, por lo tanto, yo le obedecen, obedezco Cristo caminando en su amor para mi. Yo vivo en la palabra de Dios.

Hago perdonarme cada vez que pierda la marca tiene Cristo me perdonó. Me perdono la gente ha Cristo me perdonó, siempre que yo o mal pecado contra mí. Hago que me ama, y yo hago la gente del amor.

Jeremías 29:11
Romanos 8: 35-39

NOTA:

SEMANA TREINTA

El amor nunca falla:
1 Corintios 13:8

Dios Me Ama

Y el mismo Jesucristo Señor nuestro, y Dios nuestro Padre, el cual nos amó y nos dio consolación eterna y buena esperanza por gracia,
2 Tesalonicenses 2:16

Decir Atrevidamente: Yo soy el amor por Dios, no tengo nada de qué preocuparse, Dios es para mí, nunca estoy sola. El Dios de la consolación, es mi Dios, Dios me ha dado una consolación eterna en todas las situaciones, circunstancias y condiciones. Tengo esperanza en Dios en este mundo presente, y también tengo esperanza eterna en Dios. Mi eternidad es muy seguro en Dios, porque he aceptado la oferta completa Jesucris-

to hizo por mí. Por lo tanto, mi eternidad es segura, no lo hago y no debe, y no voy a pagar de nuevo lo que Jesucristo mi Salvador y Señor ha pagado.

Jeremías 29:11
Romanos 8: 35-39

NOTA:

SEMANA TREINTA Y UNO

El amor nunca falla:
1 Corintios 13:8

Dios Me Ama

Mas no quiso Jehová tu Dios oír a Balaam; y Jehová tu Dios te convirtió la maldición en bendición, porque Jehová tu Dios te amaba.
Deuteronomio 23:5

Decir Atrevidamente: Dios se volverá cada palabra negativa, cada palabra mal y todas las emociones negativas de nadie hacia mí en una bendición para mí porque Dios me ama. Tengo la suerte del Señor. La bendición de mi Padre Dios es en y sobre mi vida, el diablo y sus cohortes no puede maldecir lo que Dios ha bendecido. Las maldiciones son nulos y no efecto sobre mí en cualquier forma, porque yo soy redimido de las maldi-

ciones por la sangre preciosa de Jesucristo, que es mi Salvador y Señor.

Jeremías 29:11
Romanos 8: 35-39

NOTA:

SEMANA TREINTA Y DOS

El amor nunca falla:
1 Corintios 13:8

Dios Me Ama

Entonces Hiram rey de Tiro respondió por escrito que envió a Salomón: Porque Jehová amó a su pueblo, te ha puesto por rey sobre ellos.
2 Crónicas 2:11

Decir Atrevidamente: Dios me ama, Dios me ha dado un excelente liderazgo porque me ama. Doy gracias a Dios por el liderazgo que me ha dado. Confío en Dios que la dirección va a hacer la voluntad de Dios. Sí, lo harán gobernador de acuerdo a la voluntad de Dios. Es mi responsabilidad de orar por ellos. Oro para la bendición de mi Dios superará a ellos, y en su bendición lo reconoceré.

Jeremías 29:11
Romanos 8: 35-39

NOTA:

SEMANA TREINTA Y TRES

El amor nunca falla:
1 Corintios 13:8

Dios Me Ama

Jehová abre los ojos a los ciegos;
Jehová levanta a los caídos;
Jehová ama a los justos.
Salmos 146:8
<u>Decir Atrevidamente:</u> Dios envió
a Jesucristo para mí porque me ama.
En el mismo momento que acepté a
Jesucristo en mi corazón, Dios me de-
claró justos. Dios me ama, yo soy la
justicia de Dios en Cristo Jesús, mis
pecados son perdonados para siempre
por Dios Todopoderoso, tengo paz
con Dios, y tengo paz conmigo mis-
mo. Yo vengo al trono de la gracia
confiadamente en cualquier momen-
to. Mi conciencia falto de pecado por-
que Jesucristo se ofreció a sí mismo
como el sacrificio eterno de Dios por

mis pecados. Jesucristo fue y es mi cordero. Amo a Dios, me amo y amo a la gente.

Jeremías 29:11
Romanos 8: 35-39

NOTA:

SEMANA TREINTA Y CUA - TRO

El amor nunca falla: 1 Corintios 13:8

Dios Me Ama

Pero cuando se manifestó la bondad de Dios nuestro Salvador, y su amor para con los hombres, Tito 3:4

<u>*Decir Atrevidamente:*</u> *Padre me gracias por su salvación, ya que es por su gracia, yo soy salvo por la fe. Fue su amor que trajo su gracia para mí. Ahora que soy salvo, su amor ha sido derramado en mi corazón por el Espíritu Santo que habita en mí para siempre. Dios diariamente expresar su amor a través de mí a la gente. Me tomo la bondad y el amor de Dios a las personas. Comunico el amor de Dios a la gente, diciendo a la gente que, debido al sacrificio de Jesucristo*

hizo a Dios por sus pecados, Dios está invitando a cada uno de ellos para llegar a él, Dios no está enojado con nadie. Todo el mundo puede aceptar a Jesucristo como su sacrificio por sus pecados, todo el mundo puede ser salvado, Jesucristo pagó el precio para todo el mundo, Jesucristo me ama, y ama a todos.

Jeremías 29:11
Romanos 8: 35-39

NOTA:

SEMANA TREINTA Y CIN-CO

El amor nunca falla:
1 Corintios 13:8

Dios Me Ama

Mas Dios muestra su amor para con nosotros, en que siendo aún pecadores, Cristo murió por nosotros.
Romanos 5:8

Decir Atrevidamente: O el Amor, el Amor, el Amor de Dios, más allá de la comprensión humana. Es demasiado grande para cualquier inteligencia humana. Dios me ama, bien lo sé, y la muerte de Jesucristo por los pecadores, establecida para siempre, cualquier pregunta sobre el amor de Dios. Quién es el que condena? Cristo es el que murió, vosotros, y sí, se levantó de la tumba, Amén Aleluya siempre. Nunca voy a cuestionar el amor de Dios por mí y hacia mi, se instaló para siempre en mi corazón que yo soy el amor por Dios Todopoderoso, si el diablo ni a nadie le guste o no, me ama o no, Dios me ama de la historia , hago amarme. Amén.

Jeremías 29:11
Romanos 8: 35-39

NOTA:

SEMANA TREINTA Y SEIS

El amor nunca falla:
1 Corintios 13:8

Dios Me Ama

Yo sanaré su rebelión, los amaré de pura gracia; porque mi ira se apartó de ellos.
Oseas 14:4

<u>Decir Atrevidamente:</u> Padre te doy gracias porque nunca dejar de fumar por mí porque me gusta mucho. Siempre me olvido de la marca que llega siempre a mí en el amor, pidiendo que vuelva a ti. Estoy eternamente agradecido por su amor Nunca dejar de fumar para mí y hacia mí todo el tiempo. Cuando el maligno tratar de convencerme de que usted está enojado conmigo cuando lo echo de menos, su Espíritu Santo que habita en mí para siempre siempre me aseguro de la preciosa sangre de Jesucristo de-

rramada por mí para siempre y también me aseguro de su gran amor por yo. Dios me ama, amo a Dios, me amo y me encanta todo el mundo.

Jeremías 29:11
Romanos 8: 35-39

NOTA:

SEMANA TREINTA Y SIETE

El amor nunca falla:
1 Corintios 13:8

Dios Me Ama
ni lo alto, ni lo profundo, ni ninguna otra cosa creada nos podrá separar del amor de Dios, que es en Cristo Jesús Señor nuestro. Romanos 8:39

Decir Atrevidamente: No hay éxito, no hay malas noticias, sin denominación, ningún líder religioso, ningún grupo religioso o grupos, ningún predicador, ni tabla de ningún tipo, y nadie, ni siquiera el diablo o demonios me puede separar del amor de Dios Todopoderoso, que es en Cristo Jesús. Nadie o grupos me pueden votar por el amor de Dios, porque nadie, ningún grupo o grupos que me votaron en el amor de Dios que es en Cristo Jesús. Dios me ama y me amo, por lo tanto, no hay debate sobre el tema. Estoy todos los días viviendo en el amor de Dios, y disfrutar del amor de Dios que es en Cristo Jesús, mi Señor.

Jeremías 29:11
Romanos 8: 35-39

NOTA:

SEMANA TREINTA Y OCHO

El amor nunca falla:
1 Corintios 13:8

Dios Me Ama

Porque el amor de Cristo nos constriñe, pensando esto: que si uno murió por todos, luego todos murieron;
2 Corintios 5:14

Decir Atrevidamente: Padre os doy las gracias por su gran amor que ha sido derramado en mi corazón, a causa de su amor en mi corazón, estoy constriñen a no decir o hacer cualquier cosa que no le glorificará, me construir y edificar al pueblo, a quien hecho en su propia imagen y semejanza, y que Jesucristo murió por redimir con su sangre preciosa. El amor de Dios me muestra el camino de la gracia. El amor de Dios que me constreñido me hace saber que soy lo que soy gracias a la gracia de Dios: que me hace apreciar el amor de Dios para mí cada día más.

Jeremías 29:11
Romanos 8: 35-39

NOTA:

SEMANA TREINTA Y NUE-VE

El amor nunca falla:
1 Corintios 13:8

Dios Me Ama

_Maridos, amad a vuestras muje-res, así como Cristo amó a la ig-lesia, y se entregó a sí mismo por ella,
Efesios 5:25
Decir Atrevidamente: Estoy siem-pre amor por Dios. Te doy gracias Padre que el divorcio nunca es su vo-luntad, por lo tanto, le agradezco que no va a dejar ir de mi, tu amor por mí es un amor eterno, y nuestra relación es para siempre. Dios nunca me deja-rá ni me desampares; lo dijo y yo creo. Sí, Dios está siempre conmigo. Padre, te doy gracias porque no le di-rá a nadie a hacer lo que usted no los ha destinado a hacer. Debido a que

*son amor, no soy amo también, por-
que yo salí de ti.*

Jeremías 29:11
Romanos 8: 35-39

NOTA:

SEMANA CUARENTA

El amor nunca falla:
1 Corintios 13:8

Dios Me Ama

Paz sea a los hermanos, y amor con fe, de Dios Padre y del Señor Jesucristo.
Efesios 6:23
Decir Atrevidamente: Jesús le agradezco por la paz que sobrepasa todo entendimiento que ha dado a mí. Sí, usted es el Príncipe de la paz, y tu eres mi paz. Padre le agradezco que me amas, y gracias por su amor por mí. Sí, soy un hijo de Dios y yo soy un hijo de la fe. Por lo tanto, el amor de Dios para mí no se basa en mi sentimiento, sino en la palabra santa de Dios, la Santa Biblia. Me declaro confiadamente que Dios me ama y que me ama sin importar cómo me siento, sí me amo incondicionalmente

con el mismo amor que Dios tiene pa-
ra mí.

Jeremías 29:11
Romanos 8: 35-39

NOTA:

SEMANA CUARENTA Y UNO

El amor nunca falla:
1 Corintios 13:8

Dios Me Ama

Y el Señor encamine vuestros corazones al amor de Dios, y a la paciencia de Cristo.
2 Tesalonicenses 3:5

Decir Atrevidamente: Padre te doy gracias que Cristo habite en mi corazón por la fe, Señor Jesús te doy gracias porque estás en mi corazón y lo hace dirigir mi corazón en el amor de mi padre. Por lo tanto, me consumo con el amor de mi Padre, Dios Todopoderoso. Sí, yo vivo, caminar, respirar y tengo mi ser en el amor de Dios. El amor de Dios es mi residencia actual; cualquiera que busque para mí me puede encontrar en el amor de Dios, mientras espero en la decla-

ración de mi Señor y Salvador Jesucristo.

Jeremías 29:11
Romanos 8: 35-39

NOTA:

SEMANA CUARENTA Y DOS

El amor nunca falla:
1 Corintios 13:8

Dios Me Ama

Pero la gracia de nuestro Señor fue más abundante con la fe y el amor que es en Cristo Jesús. 1 Timoteo 1:14

Decir Atrevidamente: Padre me gracias por su amor en Cristo para mí, tu gracia que abundan hacia mí. Padre te doy gracias porque tu amor trajo su gracia salvadora para mí. Ahora que soy salvo por gracia mediante la fe, y que no es por mis obras, yo vivo en confiadamente que la gracia por la que soy salvo, no voy a volver a vivir en las obras. No viviré por do religioso y no, no voy a vivir de acuerdo con las reglas de denominación, no voy a vivir de acuerdo con las tradiciones de los hombres que hacen la palabra de Dios vacío de poder. Ya no voy a vivir de acuerdo con mis sentimientos, mi fuerza o mi poder. El hombre no vive sólo de pan, sino de toda palabra que sale de la boca de Dios vivo. Yo ahora vivo en la palabra de Dios Todopoderoso.

Jeremías 29:11
Romanos 8: 35-39

NOTA:

SEMANA CUARENTA Y TRES

El amor nunca falla:
1 Corintios 13:8

Dios Me Ama

Retén la forma de las sanas palabras que de mí oíste, en la fe y amor que es en Cristo Jesús.
2 Timoteo 1:13

<u>Decir Atrevidamente:</u> La palabra de Dios me dice que soy, lo que Dios ha dado a mí, y lo que yo puedo hacer por medio de Cristo Jesús. Yo vivo con valor en el amor de Dios para mí, yo no se unirá a su amor por mí. Yo vivo en el amor de Dios. Cada vez que leo la palabra de Dios, que yo leo to-dos los días, lo leí de la conciencia del amor de Dios para mí, hacia mí y en mí. No, no lo leí de la conciencia de la condena, porque no es, por lo tanto, ninguna condenación hay para mí

porque estoy en Cristo Jesús. Dios me ama, me amo y amo a la gente.

Jeremías 29:11
Romanos 8: 35-39

NOTA:

SEMANA CUARENTA Y CUATRO

El amor nunca falla:
1 Corintios 13:8

Dios Me Ama

Y nosotros hemos conocido y creído el amor que Dios tiene para con nosotros. Dios es amor; y el que permanece en amor, permanece en Dios, y Dios en él.
1 Juan 4:16

<u>*Decir Atrevidamente:*</u> *Creo que el amor que Dios tiene para mí, Dios declarar su amor por mí públicamente, cuando envió a Jesucristo a morir en la cruz por mí públicamente. la muerte de Jesucristo en la cruz es la manifestación del amor de Dios por mí y todo el mundo. El amor de Dios para mí fue manifestado en la persona de Jesucristo. El amor de Dios para mí es real, sí lo es tangible, y sé*

con certeza que Dios me ama. Yo vivo en el amor de Dios. Dios vive en mí por el Espíritu Santo que habita en mí para siempre.

Jeremías 29:11
Romanos 8: 35-39

NOTA:

SEMANA CUARENTA Y CINCO

El amor nunca falla:
1 Corintios 13:8

Dios Me Ama

En esto hemos conocido el amor, en que él puso su vida por nosotros; también nosotros debemos poner nuestras vidas por los hermanos.
1 Juan 3:16
Decir Atrevidamente: Dios me ama mucho, y porque me ama, él vino en la persona de Jesucristo y ponga su vida por mí. El hecho de que él puso su vida por mí significa que debo ser muy valioso para él. Él murió para que yo viva, sí, y que yo podría tener una vida abundante ahora, sí, para disfrutar de la vida abundante ahora, sin ningún permiso religión. Por lo tanto, salgo a vivir la vida de Cristo

en el ahora. Sí, a caminar mientras camina. Para vivir en el estilo de vida de Cristo. Él me ama, él murió por mí. Lo amo, yo vivo por él.

Jeremías 29:11
Romanos 8: 35-39

NOTA:

SEMANA CUARENTA Y SEIS

El amor nunca falla:
1 Corintios 13:8

Dios Me Ama

Amados, amémonos unos a otros; porque el amor es de Dios. Todo aquel que ama, es nacido de Dios, y conoce a Dios.
1 Juan 4:7

Decir Atrevidamente: *Dios es amor. Dios es mi Padre y yo soy su hijo. Todo lo que es verdadero de él es cierto de mí. Mi Padre me ama y amo mi Padre. Como él es, así soy yo en este mundo. Vine de amor, vivo en el amor, y mi estilo de vida es el amor. Estoy hecho de amor, mi sustancia es amor, y por lo tanto, me atrevo a pensar pensamientos de amor. Me atrevo a pensar el pensamiento de Dios sobre mí.*

Me atrevo a verme como Dios me ve. Me atrevo a pensar en las personas, como Dios piensa acerca de las personas. Me atrevo a ver a las personas como Dios lo ve la gente. El amor da vida, porque la vida está en el amor.

Jeremías 29:11
Romanos 8: 35-39

NOTA:

SEMANA CUARENTA Y SIETE

El amor nunca falla:
1 Corintios 13:8

Dios Me Ama

El que no ama, no ha conocido a Dios; porque Dios es amor.
1 Juan 4:8

Decir Atrevidamente: *Yo reconozco confiadamente que Dios es mi Padre del cielo, así como Jesucristo procedía del Padre, así, he procedido de Jesucristo. Estoy cuerpo del cuerpo de Jesucristo y hueso de sus huesos. Soy nacido de Dios por medio de Jesucristo, lo que es verdadero del Padre, es cierto del Hijo; lo que es cierto del Hijo es cierto para mí. La vida que yo vivo ahora, lo vivo por la fe en él, que me ama y dio su vida por mí. Estoy llamado por Dios, Soy ungido por Dios, he sido enviado por Dios, yo soy hechura de Dios, creados en Cristo Jesús, soy embajador de Cristo, hago salir en el nombre de Jesús para compartir a Jesucristo con las personas y el Señor Jesús a sí mismo es siempre conmigo, confirmando su palabra con las señales que seguían.*

Jeremías 29:11
Romanos 8: 35-39

NOTA:

SEMANA CUARENTA Y OCHO

El amor nunca falla:
1 Corintios 13:8

Dios Me Ama

En esto se mostró el amor de Dios para con nosotros, en que Dios envió a su Hijo unigénito al mundo, para que vivamos por él. 1 Juan 4:9

Decir Atrevidamente: El amor de Dios para mí ha sido mostrar públicamente por la muerte de Jesucristo en la cruz públicamente. Dado que, Dios ha mostrado su amor por mí públicamente, salgo para mostrar mi amor por Dios públicamente y vivir para él públicamente. Porque no me avergüenzo del evangelio de Jesucristo, pues es el poder de Dios para salvación a todo aquel que cree, porque no hay otro nombre bajo el cielo dado

*a los hombres, en que podamos ser
salvos, en lo que viven, se mueven y
tienen mi ser.*

*Jeremías 29:11
Romanos 8: 35-39*

NOTA:

SEMANA CUARENTA Y NUEVE

El amor nunca falla:
1 Corintios 13:8

Dios Me Ama

En esto consiste el amor: no en que nosotros hayamos amado a Dios, sino en que él nos amó a nosotros, y envió a su Hijo en propiciación por nuestros pecados.
1 Juan 4:10

<u>*Decir Atrevidamente:*</u> *Aunque yo era un pecador y se rebela contra el mandato de Dios sin una causa, Dios todavía me aman y demostrar su amor por mí al enviar a Jesucristo a morir en la cruz para pagar el precio completo por mis pecados. Dios, gracias por su gran amor por mí. Dado que, Dios me quiere mucho; Hago que me ama, a pesar de lo que la gen-*

te religiosa pueden pensar en mí. La muerte de Jesucristo para mí, hagan público su amor por mí en el cielo, a la tierra, ya la virtud de la Tierra. Sí, Jesucristo también ha anunciado su amor por mí y hacia mí a Dios, a los ángeles ya todos los demonios que derrotó para siempre para mí.

Jeremías 29:11
Romanos 8: 35-39

NOTA:

SEMANA CINCUENTA

El amor nunca falla:
1 Corintios 13:8

Dios Me Ama

La gracia del Señor Jesucristo, el amor de Dios, y la comunión del Espíritu Santo sean con todos vosotros. Amén.
2 Corintios 13:14

<u>Decir Atrevidamente:</u> *Que Dios está siempre conmigo, es un hecho que no se puede negar, sin tener en cuenta mis sentimientos, el diablo no puede, en cualquier momento persuadirme para negar la presencia de Dios siempre conmigo. El diablo y sus seguidores saben que he nacido de nuevo y que Cristo en mí la esperanza de gloria. De hecho, el diablo sabe que Dios me ama mucho y porque el diablo sabe, el diablo me odia, sino*

porque estoy en el amor de Dios el maligno no puede tocarme.

Jeremías 29:11
Romanos 8: 35-39

NOTA:

SEMANA CINCUENTA Y UNO

El amor nunca falla:
1 Corintios 13:8

Dios Me Ama

y de Jesucristo el testigo fiel, el primogénito de los muertos, y el soberano de los reyes de la tierra. Al que nos amó, y nos lavó de nuestros pecados con su sangre, Apocalipsis 1:5

<u>Decir Atrevidamente:</u> Jesucristo mismo me miraba de mis pecados con su propia sangre. Jesucristo dijo: "El que está lavado, no necesita sino lavarse los pies, pues está todo limpio;", por lo tanto, mis pecados son siempre guardados por la sangre preciosa de Jesucristo. Estoy eternamente perdonado; No tengo pecado en mí. Jesucristo me ha lavado con su sangre preciosa porque me ama. personas re-

*ligiosas pueden quieren discutir y gri-
tar, pero yo soy el que Dios dice que
soy. Tomo la palabra a Dios. Que todos los hombres sean mentirosos, pero Dios es la verdad. Si lo niega, todavía permanece fiel hasta el final.
Yo acepto confiadamente a Dios y su
palabra.*

Jeremías 29:11
Romanos 8: 35-39

NOTA:

SEMANA CINCUENTA Y DOS

El amor nunca falla:
1 Corintios 13:8

Dios Me Ama

Por lo demás, hermanos, tened gozo, perfeccionaos, consolaos, sed de un mismo sentir, y vivid en paz; y el Dios de paz y de amor estará con vosotros.
2 Corintios 13:11

Decir Atrevidamente: Dios es amor, Dios por medio de Jesucristo me dio la seguridad de que él está siempre conmigo. Sí, el Dios de mi Señor Jesucristo nunca me dejará ni me abandonará. Su Espíritu Santo está en mí, no permanezca en mí y conmigo para siempre, no puedo dejar de empeño vida. Él siempre me hace triunfo. Sí, mayor es el que está en mí, que el que está en el mundo.

No hay energía o fuerza en el visible e invisible es capaz de detener a Dios y yo, que soy un ganador.
Dios me ama, me amo y amo a la gente.

Jeremías 29:11
Romanos 8: 35-39

NOTA:

SOIL Foundation, Inc.
All books can be purchase through amazon.com (search: OVBIJE BOOKS)
Publication Books

All Day God

Praying the Word From the Book of Timothy

Praying the Word From the Book of Ephesians

Resurrection from the Flood

Coaching to Completion

Praying the Word From the Epistle of John

God Loves Me

LIBROS EN ESPAÑOL:

Oración de la Palabra Desde el libro de Efesios

Dios Me Ama

Tracts:

5 Things God wants you to know
Love Yourself

www.ingramcontent.com/pod-product-compliance
Lightning Source LLC
Chambersburg PA
CBHW060527030426
42337CB00015B/2005